JN070213

日本語能力試験（JLPT）対策

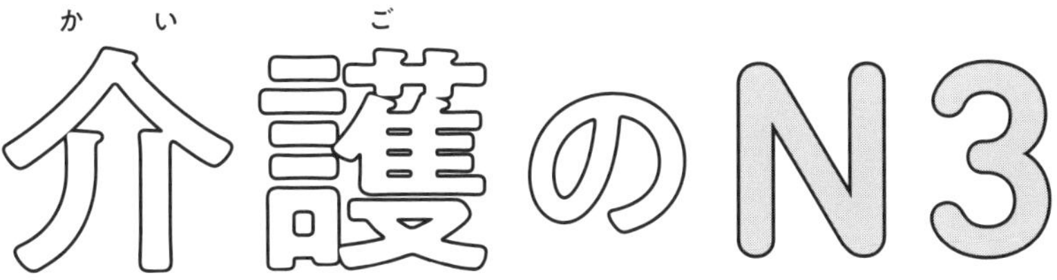

介護のN3

監修　浦澤由美
YOSHIMI URASAWA

著　日本語フロンティア
NIHONGO FRONTIER

ココ出版

もくじ

介護の現場で活躍している外国人のみなさんへ

介護の仕事をしている外国人（この後は、「外国人介護職員」と呼びます）が日本に来てからめざすのは、中級レベルの日本語です。日本語能力試験でいうとN3のレベルです。

日本語能力試験のN3に合格したいと思ったとき、本屋で売っている問題集を買って勉強しようと思う人が多いと思います。でも、外国人介護職員のみなさんは介護の仕事も覚えなければなりません。

私たちは、「外国人介護職員のみなさんが介護の仕事を覚えながらN3レベルの日本語の勉強をすることができるようになってほしい」と思って、この本を作りました。この本の中の練習問題は、介護の仕事の場面を考えて作りました。練習問題に出てくる言葉は実際の介護の仕事に出てくるものばかりです。もし練習問題に出てくる言葉でわからない言葉があったときは、同じ施設で働く日本人職員に聞いたり、自分で調べたりしてください。

この本には、介護の仕事の内容についての説明はありません。この本の練習問題を見て、どんな場面かイメージできないものがあったときは、同じ施設で働く日本人職員に聞いてください。

この本が、介護の仕事をしているみなさんにとって役に立つ本になることを祈っています。

著者一同

外国人介護職員を支援している皆様、日本語教師の皆様へ

この本は、介護の仕事に関わる外国人（以下、外国人介護職員）が入国後にまず必要とされる、中級程度の日本語の知識と運用能力を身につけるためのものです。目安として、日本語能力試験のN3程度の文法・語彙の知識と運用能力を身につけることを考えて作りました。

文法・語彙の学習は市販の書籍で学ぶことができますが、それを介護の場面を通して身につけることができれば、外国人介護職員にとっては便利なことだと考えました。

そこで本書では、問題に使われる文は、介護現場や外国人介護職員の仕事をイメージしたものにしました。このようにすることで、日本語の知識を身につけつつ、介護の知識なども同時に身につけられるものと考えています。

そのような知識を身につけるのには、練習問題によるものが取り組みやすいと考え、日本語能力試験の試験問題の形式に則った練習問題を多数用意しました。練習問題は、語彙・文法に関する六つの領域から構成されています。

［語彙］文脈規定 50問

［語彙］言い換え類義 40問

［語彙］用法 25問

［文法］文法形式の判断 66問

［文法］文の組み立て 78問

［文法］文章の文法 7問

今回の練習問題で採用した文法項目や語彙は、これまでの出題傾向を加味したうえで、N3レベルと介護現場で必要だと思われるものを厳選しました。

この本の具体的な使い方

この本を使って学ぶ場合、メインの使い方として「日本人介護職員と外国人介護職員が一緒に使う」ということを想定しています。

外国人介護職員が自力で問題を解くところまではできると思いますが、解答をチェックすること、そして介護の場面を踏まえて理解することは、一人では難しいと思います。解答に至るプロセスや知識の理解については、日本人職員と共同で考えていただければと思います。

もちろん、解答付きの問題集ですので、自習用の教材として使うことも可能です。ただし、どうしてその答えになるのかという説明は載っていませんので、市販の問題集等で調べることが必要になります。日本語の文法等については、日本語教師が説明の訓練を受けていますので、定期的に日本語教師を呼ぶこともお考えください。

また、解答のうち、「文法形式の判断」「文の組み立て」においては、発展的な理解のために追加の例文があります。

さらに、日本人職員には本書に掲載されている文や追加の例文を実際にアレンジして介護現場で使っていただければと思います。そうすることによって、外国人介護職員の理解が深まるものと考えています。

この本が、外国人介護職員の日本語能力向上に役立つことを願っております。

著者一同

語彙①

文脈規定 50問

☑「文脈規定」は、文の中の（　　　）に入る言葉を選ぶ問題です。

1 汗をかいていないか確認してから（　　　）を測りましょう。

1 点数　2 体温　3 効果　4 速度

2 風があるので首に（　　　）を巻いていきましょう。

1 コットン　2 ソックス　3 スカーフ　4 ウエスト

3 この部屋は（　　　）から鍵をかけることができません。

1 集中　2 車中　3 内容　4 内側

4 利用者や職員の（　　　）にも慣れて、何を言われているかわかるようになった。

1 個人　2 方言　3 才能　4 出身

5 食事は一人ずつ（　　　）にのせて出します。

1 お椀　2 お箸　3 お盆　4 お札

6 利用者の（　　　）をきちんと覚えておいてください。

1 シャッター　2 アレルギー　3 オレンジ　4 グラウンド

7 （　　　）があるものを食べて、体力をつけましょう。

1 栄養　2 資源　3 名物　4 献立

8 扇風機は（　　　）に入れておきます。

1 窓口　2 産地　3 物置　4 缶詰

9 報告書の（　　　）が間違っていませんか？

1 日付　2 生活　3 事務　4 調子

10 （　　　）のコートはクリーニングに出しますね。

1 バッグ　　2 ブラウス　　3 ホース　　4 グレー

11 この老人ホームの（　　　）年齢は85.3歳です。

1 注目　　2 平均　　3 人口　　4 周囲

12 この道は（　　　）になっていますから、気をつけてくださいね。

1 列　　2 幅　　3 型　　4 坂

13 掛け布団の（　　　）のことを、包布と言います。

1 ウール　　2 ソファー　　3 カバー　　4 ケース

14 目やにがたくさん出るので、（　　　）に行くことになったそうです。

1 眼科　　2 目次　　3 看板　　4 近視

15 ここの（　　　）からはテレビが見にくいので、前へ移動しましょうか。

1 具合　　2 入場　　3 表面　　4 位置

16 ベッドの上にある水玉（　　　）のクッションを取ってください。

1 模様　　2 文字　　3 部分　　4 製品

17 （　　　）を使うときは、風の向きに気をつけましょう。

1 ジャケット　　2 ファスナー　　3 スプレー　　4 リビング

18 クリスマス会で利用者に渡すプレゼントの（　　　）はいくらですか？

1 消費　　2 予算　　3 原料　　4 現金

19 ぬり（　　　）は、看護師(かんごし)がぬりますね。

1 湯(ゆ)　　2 水(みず)　　3 液(えき)　　4 薬(ぐすり)

20 203号室(ごうしつ)のエアコンの（　　　）がなくなってしまいました。

1 リモコン　　2 パソコン　　3 アイロン　　4 イヤホン

1 石川さんは「今朝も髪の毛がたくさん（　　　）。」と言っている。

1 折れた　2 転がった　3 溶けた　4 抜けた

2 体が（　　　）ときは、クッションを使うといいですよ。

1 傾く　2 引く　3 掃く　4 置く

3 エプロンのひもは、必ず（　　　）ください。

1 開けて　2 閉めて　3 結んで　4 避けて

4 お財布は事務所で（　　　）いますから、安心してくださいね。

1 伝わって　2 預かって　3 過ごして　4 渡して

5 中村さんは「手が（　　　）ので、おはしが持てない。」と言っています。

1 生える　2 まとめる　3 震える　4 握る

6 山下さんは食欲が（　　　）いて、あまり食べないんです。

1 防止して　2 低下して　3 わいて　4 崩れて

7 毎日、体操をして腰痛を（　　　）ましょう。

1 早起きし　2 長生きし　3 検査し　4 予防し

8 上田さんをトイレに（　　　）もらえますか。

1 誘導して　2 到着して　3 連続して　4 行動して

9 洗濯用洗剤を（　　　）ました。

1 飛び込み　2 詰め替え　3 引き出し　4 振り向き

10 ベッド周りは、いつもきれいに（　　　）おきましょう。

1 守って　2 戻して　3 整えて　4 学んで

1 シャワーが（　　　）から、もう少し熱くしてほしいんだけど。

1 かゆい　　2 ぬるい　　3 えらい　　4 まるい

2 「今度のリハビリはいつ？」と佐々木さんはいつも（　　　）だ。

1 積極的　　2 一般的　　3 消極的　　4 技術的

3 （　　　）姿勢で横になってくださいね。

1 貴重な　　2 複雑な　　3 豊かな　　4 楽な

4 「カーテンを開けると（　　　）から嫌だ。」と言っています。

1 くわしい　　2 くやしい　　3 きびしい　　4 まぶしい

5 老人ホームの仕事は、時間が（　　　）なりがちだ。

1 不規則に　　2 不思議に　　3 不可能に　　4 不適当に

6 遠藤さんは（　　　）食べものが苦手だそうだ。

1 酸っぱい　　2 おかしい　　3 蒸し暑い　　4 恐ろしい

7 このセーターは（　　　）かな。

1 退屈　　2 重大　　3 地味　　4 完全

8 老眼鏡がないと（　　　）字が見えないんだよ。

1 浅い　　2 深い　　3 細かい　　4 太い

9 介護記録には自分の気持ちではなく、（　　　）ことを書きましょう。

1 主観的な　　2 客観的な　　3 経済的な　　4 国際的な

10 体温や血圧などは（　　　）書いてください。

1 新鮮に　　2 余分に　　3 正確に　　4 満足に

1 山本さんは、この施設で（　　　）年齢が上だ。

1　全く　　2　最も　　3　せっかく　　4　どうしても

2 田中さんは頭が痛くて、（　　　）するそうです。

1　たっぷり　　2　ぐっすり　　3　ふらふら　　4　ぺらぺら

3 またあとでお部屋に（　　　）ますね。

1　伺い　　2　申し　　3　拝見し　　4　存じ上げ

4 お部屋が乾燥しないように加湿（　　　）をつけますね。

1　家　　2　用　　3　計　　4　器

5 「今日は予定が何もないので、（　　　）やりましょう。」とリーダーが言ってくれた。

1　わざわざ　　2　いらいら　　3　あんまり　　4　のんびり

6 冷たいお茶にしますか？（　　　）熱いお茶にしますか？

1　それとも　　2　ところで　　3　すると　　4　一方

7 （　　）居室には、トイレと洗面台があります。

1 主　2 各　3 毎　4 常

8 職員がやりますから、（　　）にしておいてくださいね。

1 偶然　2 次第　3 そのまま　4 そのうち

9 新聞を（　　）ますか？

1 お話しになり　2 お書きになり　3 ご覧になり　4 ご存じになり

10 最近のパンツ（　　）紙おむつは、履いていることを忘れるくらい薄い。

1 型　2 的　3 法　4 製

語彙②

言い換え類義

40問

☑「言い換え類義」は、線を引いた言葉と同じ意味の言葉や表現を選ぶ問題です。

1 山田さんの席はこちらです。

1 座るところ　2 寝るところ　3 入り口　4 出口

2 今からことわざのクイズを出しますね。

1 作文　2 練習　3 問題　4 試合

3 今日は敬老の日なので、ごちそうですよ。

1 みんなで歌う歌　2 特別な料理
3 パーティー　4 お客さん

4 腰のあたりがかゆいんです。

1 近く　2 遠く　3 内側　4 外側

5 棚のほこりは、こまめに掃除しましょう。

1 白い髪の毛　2 使わなかった水
3 汚れた紙　4 細かいごみ

6 原さんは93歳、私は23歳。年の差は70歳だ。

1 答え　2 違い　3 算数　4 計算

7 下着も着替えましょう。

1 肌着　2 靴下　3 ズボン　4 スカート

8 小林さんは尿意があるようだが、間に合わないことが多い。

1 便がしたいという気持ち　2 咳がしたいという気持ち
3 おしっこがしたいという気持ち　4 おならが出そうという気持ち

9 息(いき)が速(はや)いですね。すぐに看護師(かんごし)を呼(よ)びましょう。

1 血液(けつえき)　2 症状(しょうじょう)　3 急病(きゅうびょう)　4 呼吸(こきゅう)

10 今日(きょう)、面会(めんかい)に来たのは私(わたし)の姪(めい)です。

1 末っ子(すえっこ)　2 きょうだいの娘(むすめ)

3 いとこ　4 おばさんの娘(むすめ)

1 靴(くつ)はそろえて、げた箱(ばこ)に入(い)れましょう。

1 脱(ぬ)いで　2 並(なら)べて　3 置(お)いて　4 触(さわ)って

2 食事(しょくじ)の前(まえ)におしぼりを配(くば)ります。

1 渡(わた)し　2 預(あず)け　3 貸(か)し　4 話(はな)し

3 ベッドに腰(こし)かけていただけますか？

1 寝(ね)て　2 向(む)いて　3 座(すわ)って　4 立(た)って

4 利用者(りようしゃ)の様子(ようす)や状態(じょうたい)を観察(かんさつ)しましょう。

1 よく着(き)ましょう　2 よく見(み)ましょう

3 よく書(か)きましょう　4 よく触(さわ)りましょう

5 そのいすをどけてください。

1 付(つ)けて　2 壊(こわ)して　3 倒(たお)して　4 動(うご)かして

6 大切(たいせつ)なことは忘(わす)れないようにメモしよう。

1 ここに置(お)こう　2 何度(なんど)も言(い)おう

3 紙(かみ)に書(か)こう　4 よく覚(おぼ)えよう

7 手(て)すりをつかんで立(た)ち上(あ)がりましょう。

1 見(み)て　2 止(と)めて　3 持(も)って　4 押(お)して

8 雷(かみなり)が鳴(な)っているので、停電(ていでん)するかもしれない。

1 電気(でんき)が止(と)まる　2 大(おお)きな音(おと)が消(き)える

3 携帯電話(けいたいでんわ)が使(つか)えなくなる　4 火事(かじ)になる

9 私のエプロンが破れてしまいました。

1 回って　2 削って　3 落ちて　4 切れて

10 寒いときは、服を重ねて着ます。

1 何とか　2 何人も　3 何枚も　4 何度も

11 お食事をお下げしてもよろしいですか？

1 持ってきて　2 片付けて　3 作って　4 見せて

12 車いすを止めるときは、ブレーキをかけるのを忘れないでください。

1 する　2 やめる　3 壊す　4 外す

13 加藤さんは、ご家族が面会に来られないと聞いて、がっかりしていた。

1 飛び上がって　2 泣いて　3 残念がって　4 困って

14 枕カバーを交換しましょう。

1 かえ　2 とり　3 動かし　4 洗い

15 入れ歯を口から外してください。

1 戻して　2 出して　3 入れて　4 挟んで

16 多くの高齢者は、立ち上がるときに時間がかかります。

1 増えます　2 上がります　3 大事です　4 必要です

17 スープが冷めてしまいましたね。温めてきましょうか。

1 寒くなって　2 冷たくなって

3 凍って　4 なくなって

18 西村さんは急に話し出した。

1 始めた　2 回った　3 切った　4 込んだ

19 シャツはズボンの中にしまいましょうか。

1 折り　2 終わり　3 たたみ　4 入れ

20 そのことについては、厨房に連絡しておきますね。

1 言って　2 返して　3 戻して　4 呼んで

1 このズボンはウエストがきつくて、ボタンが留まらない。

1 冷たくて　　2 小さくて　　3 せまくて　　4 膨らんで

2 飯田さんの血圧が安定してきたので、ほっとしました。

1 担当　　2 運動　　3 保存　　4 安心

3 介護記録は具体的に書いてください。

1 かんたんに　　2 よくわかるように

3 確認しながら　　4 できるだけ長く

4 山口さんは濃いコーヒーが好きです。

1 苦い　　2 甘い　　3 高い　　4 安い

5 何度も呼んですまないね。

1 申し訳ない　　2 困らない

3 しかたがない　　4 終わらない

6 寝ている利用者を起こさないように、そっと布団をかけました。

1 わざと　2 しっかり　3 静かに　4 すぐに

7 三浦さんが歌を歌うのは珍しいことだ。

1 毎日続けている　2 うれしくなる

3 眠くなる　4 めったにない

8 後藤さんはぐっすり眠っているので、声をかけるのはもう少し後にしましょう。

1 よく　2 今　3 ときどき　4 久しぶりに

9 そろそろ食事の準備ができます。食堂にお集まりください。

1 いつでも　2 もうすぐ　3 急に　4 あとで

10 真っ暗な部屋はこわいから、電気をつけておいてもらえる？

1 使っていない　2 声が聞こえない

3 何も見えない　4 だれもいない

語彙③

用法　25問

☑「用法」は、正しい使い方をしている文を選ぶ問題です。

1 バイタル

1 来月の休みには、バイタルランドに遊びに行こうと思っています。

2 バイタルはゆでて食べることが多いが、焼いてもおいしいらしい。

3 大島さん、バイタルを測りますね。

4 あのバイタルは歌もダンスもとても上手で、さまざまな年代に人気がある。

2 向かい

1 今日のレクリエーションは向かいをやりましょう。

2 2時になったら、大野さんをリハビリ室に向かいに行ってきます。

3 昔はこのあたりでも、向かいがたくさんいたそうだ。

4 私の働いている施設は、小学校の向かいにあります。

3 ストロー

1 ストローを使って、飲み物を飲む利用者もいます。

2 今週はストローにご飯を食べに行くつもりだったが、お金がないのでやめておこう。

3 もうすぐ携帯電話のストローがなくなりそうです。

4 ストローに乗りたいので、運転免許を取りに行こうと思います。

4 着脱

1 1年間着脱をしましたが、まだ上手に書けません。

2 明日の着脱では、施設長の話があるとのことです。

3 高田さんは左片麻痺があるので、着脱の介助が必要です。

4 大きな着脱はあぶないので、絶対に触らないでください。

5 乾電池

1 みそ汁に乾電池を入れると、とてもおいしいんだって。

2 使い終わった乾電池は、この箱に入れてください。

3 自転車に乗るときには、頭に乾電池をかぶるといいですよ。

4 伊藤さんの乾電池はとても元気がいいので、いつも走っているそうです。

1 濡れる

1 施設の庭に季節の花をたくさん濡れました。

2 銀行は、コンビニの左を濡れたところにあります。

3 濡れないようにするために、何度も書いて覚えましょう。

4 床が濡れていたら、すぐに拭いてください。

2 繰り返す

1 木村さんは同じ話を何度も繰り返しています。

2 表と裏が反対なので、繰り返してくださいね。

3 シフトの希望を早く繰り返さなければならない。

4 この前、借りた傘を繰り返しに来ました。ありがとうございました。

3 落ち着く

1 急がないと地下鉄に落ち着いてしまう。

2 ズボンのゴムが落ち着きましたね。新しいゴムに換えましょう。

3 地震があったが、利用者のみなさんは落ち着いていた。

4 明日、友だちと5時に駅で落ち着く約束をした。

4 転ぶ

1 池田さんは大学で経済学を転んでいたそうだ。

2 昨日、冷蔵庫が転んでしまったので、修理してもらうことになった。

3 先輩の清水さんは、新しい施設に転ぶそうだ。

4 テーブルの脚にぶつかって、転びそうになった。

5 乾かす

1 景気が悪いときは、仕事を乾かす人が多い。

2 ドライヤーで髪を乾かしましょう。

3 とろみをつけたら、よく混ぜながら乾かしてください。

4 このテーブルを部屋のすみに乾かすのはどうでしょうか。

6 つける

1 手がすべって、スプーンを床につけてしまった。

2 暗くなってきたので、お部屋の電気をつけましょう。

3 今日はご家族が面会につけてくださって、よかったですね。

4 寝ていたら、右足がつけてしまったとのことです。

7 気に入る

1 誕生日のプレゼントを気に入ってくれたようで、うれしかった。

2 おかずを電子レンジで気に入ってきましょうか。

3 ドアを開けるときは、周りに人がいないか気に入るようにしてください。

4 千葉さんの様子が気に入るので、居室を見に行ってきます。

8 かける

1 薬を飲んだら、水をたくさんかけてください。

2 ご家族に新しい靴を持ってきてもらうようにお願いをかけてみます。

3 今脱いだ上着はハンガーにかけておきますね。

4 今日は甘い物をかけないと決めていたが、帰りにチョコレートを買ってしまった。

9 座り直す

1 体がななめになっているので、座り直しませんか。

2 試験のときは何度も座り直しましょう。こたえの間違いに気がつくかもしれません。

3 パソコンを座り直したら、動かなくなってしまった。

4 毎日、座り直してばかりいては、体によくないですよ。

10 勧める

1 今日のような天気のいい日は、外で勧めたいですね。

2 お茶を勧めましたが、いらないと言われました。

3 友達に聞いてみたら、この話を前に勧めようと言われました。

4 何度失敗しても成功するまで、勧めない気持ちでがんばります。

1 くわしい

1 利用者の様子について、ご家族にくわしく話をした。
2 中山さんはゲームに負けて、とてもくわしそうだった。
3 この漢字はとてもくわしくて、読めることは読めるが書けない。
4 昨夜は雨と風がくわしかったので、あまり眠れなかった。

2 もったいない

1 もったいないと言って、何でも捨てずに取っておく方がいらっしゃいます。
2 今日はもったいない日なので、朝8時までにごみを出しておかなければならない。
3 頭痛がして、今にももったいない気持ちだ。
4 横断歩道を渡るときは左右を確認すれば、もったいないと思う。

3 べつべつな

1 1週間入浴できなかったので、髪の毛がべつべつだ。
2 藤原さんが「日本語がべつべつになったわね。」と褒めてくれてうれしかった。
3 彼とはべつべつな考えがあったので、私たちはすぐに仲よくなった。
4 行きはいっしょに行って、買い物が終わったら、べつべつに帰りましょう。

4 おだやかな

1 今日はおだやかな日だったので、とても忙しくて水を飲む時間もなかった。

2 おだやかにバスに乗ったら遅刻をしてしまった。

3 佐野さんはいつもおだやかな表情をしている。

4 明日の昼食は私の大好きなおだやかだ。

5 不安な

1 ここ数日、よく眠くなるので睡眠が不安だと思う。

2 何か不安なことがあれば、おっしゃってくださいね。

3 入浴のときに不安なシャンプーを使ったら、とてもいい香りだった。

4 薬を飲むときは、しっかりお水を飲んでくださいね。不安になりますよ。

1 さっぱり

1 ご飯を2杯おかわりしたので、お腹がさっぱりだ。もう食べられない。

2 カタカナの言葉は覚えにくいので、さっぱりノートに書いておこう。

3 「ひげを剃って、さっぱりした。」と加藤さんは笑顔になった。

4 スーパーで買い物をしたら、さっぱり1000円だった。

2 ぼんやり

1 ぼんやりだったら、数え方は1匹、2匹……ですよね。

2 小川さんはしりとりが得意で、すぐにぼんやり答えを言う。

3 この靴はデザインがいいだけでなく、サイズもぼんやりだ。

4 最近、杉山さんはぼんやりしていることが多くなった。

3 いつの間にか

1 熱中症にならないように、いつの間にかエアコンをつけましょう。

2 いつの間にか中島さんが私の後ろに立っていて、とても驚いた。

3 森田さんはいつの間にか冗談を言って、みなさんを笑わせようとしている。

4 昨日のことは、リーダーにいつの間にか報告しておきます。

4 決して

1　利用者の個人情報を決して外部の人に話してはならない。

2　私は梅干しが食べられないが、小野さんは毎日決して食べている。

3　来月、保育園の子どもたちがこの施設を訪問することに決しています。

4　この本は決して知っていることばかり書いてあって、おもしろくなかった。

5 いらいら

1　今日のカレーライスは、いらいらして、とてもおいしいね。

2　いらいらしながら、テレビを見ている時が一番楽しい。

3　工藤さんは他の利用者にいらいらするようで、大きな声を出して怒っている。

4　明日は遅番なので、出勤したらすぐにいらいらしなければならない。

文法①

文法形式の判断

66問

☑「文法形式の判断」は、文の中の（　　　）に入る言葉を選ぶ問題です。

1 リハビリを続けている（　　　）、また歩けるようになりますよ。

1　ところ　　2　最中に　　3　うちに　　4　とおり

2 （落ち着かない様子の馬場さん）

ニシャ　「馬場さん、どうなさいましたか？」

馬場さん「ここにいる（　　　）の。家に帰って子どもの夕飯を作らなくちゃ。」

1　からではない　　2　わけじゃない

3　のではない　　4　わけにはいかない

3 トイレの電気が（　　　）っぱなしでした。

1　つけ　　2　ついて　　3　ついた　　4　ついていた

4 暑い（　　　）、お風呂で汗を流しましょう。すっきりしますよ。

1　からには　　2　からこそ　　3　からといって　　4　からでないと

5 宮崎さんは眼鏡の（　　　）眠ってしまった。

1　まま　　2　はず　　3　まで　　4　こそ

6 利用者の名前を覚えるには、積極的に話し（　　　）とよいだろう。

1　づらい　　2　ながら　　3　やすい　　4　かける

7 職員A「利用者（　　　）、子どもに言うような話し方は、しないほうがいいと思います。」

職員B「ええ。そうですね。」

1　によると　　2　によって　　3　に対して　　4　に対する

8 明日はボランティアグループ（　　　）コンサートがあるそうだ。

1　のため　　2　による　　3　である　　4　というのは

9 熱が下がってからでないと、入浴（　　　）。

1　してもいいです　　2　しませんか

3　できなくてもいいです　　4　できません

10 今日は寒いので散歩に（　　　）かわりに、風船バレーをしましょう。

1　行った　　2　行く　　3　行くの　　4　行ったの

11 新しい利用者の食事の注意点（　　　）メモを取った。

1　について　　2　に考えて　　3　に見て　　4　によると

12 神谷さんはいくら名前を（　　　）、返事をしてくれない。

1　呼べば　　2　呼んだら　　3　呼んでも　　4　呼んだでも

13 施設（　　　）ご家族からの苦情や不満は、リーダーに必ず報告してください。

1　によって　　2　に対して　　3　にとって　　4　に対する

14 横山さんは、おかず（　　　）食べている。

1　だらけ　　2　っぽい　　3　ばかり　　4　で

15 毎日の体操の（　　　）少し腕が上がるようになりました。

1　おかげで　　2　せいで　　3　ためで　　4　ようで

16 私（　　　）は、移乗介助は難しい。

1　によって　　2　にとって　　3　に関して　　4　に比べて

17 昼から夕方（　　　）、医師の往診があります。

1　にかけて　　2　について　　3　のように　　4　のとおりに

18 このポータブルトイレは、まるで普通のいすの（　　　）。

1　ようだ　　2　ままだ　　3　みたいだ　　4　そうだ

19 原田さんは部屋にこもり（　　　）で、レクリエーションに参加したがらない。

1　だらけ　　2　づらい　　3　っぽい　　4　がち

20 (朝の申し送りで)
林さん（　　　）、バクさんが夜勤に入ることになりました。

1　にかえて　　2　にかわって　　3　に対して　　4　に関して

21 おむつ交換のあとは、シーツやパジャマにしわができない（　　　）。

1　ようではありません　　2　ようでしょうか

3　ようにしましょう　　4　ようになりましょう

22 介護記録の書き方は施設（　　　）違う。

1　によって　　2　どおりに　　3　になって　　4　について

23 高橋さんは一日中テレビを（　　　）ばかりいる。

1　見　　2　見た　　3　見て　　4　見る

24 体重を(　　　)たびに、このノートに記入してください。

1　測って　　2　測り　　3　測るの　　4　測る

25 青木さんはいつも、お孫さんに会い（　　　）。

1　そうだ　　2　たがっている　　3　ましょう　　4　にくい

26 (　　　) 反応がないように見えても、声かけをしてくださいね。

1　せっかく　　2　たとえ　　3　ぜひ　　4　なぜなら

27 施設長　「先週、入所した戸田さんの様子はいかがですか？」

ニーニョ「慣れてきたみたいで、笑顔が多く見られる（　　　）なりました。」

1　ために　　2　ようだ　　3　そうに　　4　ように

28 今日の安藤さんの入浴は中止で、かわりに清拭をする（　　　）。

1　ことになりました　　2　ことです

3　ことがあります　　4　ことにしています

29 渡辺さんはベッドからの転落（　　　）骨折をしてしまった。

1　おきに　　2　になると　　3　にかわって　　4　によって

30 来年（　　　）ケアマネジャーの資格を取りたい。

1　だけ　　2　まで　　3　こそ　　4　さえ

31 これ、食べられない（　　　）んですが、あまり好きじゃないんです。

1　ものはない　　2　ことはない　　3　はずはない　　4　ところはない

32 目が（　　　）ほど顔がむくんでいる。

1　開けられない　　2　開く
3　開いている　　4　開いたほど

33 倉庫の鍵をかける前に、電気を消したかチェックする（　　　）。

1　もの　　2　だけ　　3　とか　　4　こと

34 何か困ったことがあるときは、誰かに（　　　）べきだ。

1　相談した　　2　相談しなければならない
3　相談する　　4　相談しない

35 五十嵐さんは最近むせやすいので、ゆっくり食べる（　　　）言った。

1　ために　　2　ように　　3　そうに　　4　ばかりに

36 入れ歯が合わなくなってきている（　　　）ですね。

1　だらけ　　2　がち　　3　のよう　　4　みたい

37 阿部さんが滑ってしまったのは、廊下が濡れていた（　　　）。

1　くらいだ　　2　おかげだ　　3　せいだ　　4　ついでだ

38 認知症（　　　）本を読む。

1　に関する　　2　に対する　　3　による　　4　にかわる

39 リーダー「神田さん、今日ご家族が面会にいらっしゃるそうですよ。」

マグナ「それで朝からにこにこしている（　　　）ね。」

1　そうです　　2　わけです　　3　ことです　　4　ものです

40 居室に洗濯物を置きに行く（　　　）タンスの整理もした。

1　おかげで　　2　とたんに　　3　ついでに　　4　ようで

41 田村さんの話を（　　　）聞くほど、わからなくなってしまった。

1　聞くには　　2　聞くと　　3　聞けば　　4　聞ければ

42 大久保さんに雑誌を買って（　　　）と頼まれた。

1　きそうだ　　2　くる　　3　きてくれた　　4　きてほしい

43 薬は嫌いだと言って（　　　）しない。

1　飲むつもりに　　2　飲もうと

3　飲むように　　4　飲むと

44 利用者やご家族の同意を（　　　）写真を撮ってはいけない。

1 得るから　2 得るなら　3 得ようと　4 得ずに

45 佐藤さんは今日から入浴できる（　　　）。お風呂の準備をしておきますね。

1 まま　2 とか　3 より　4 けど

46 排泄チェック表（　　　）、田中さんは3日も便が出ていない。

1 について　2 にとって　3 によると　4 によって

47 寝ている（　　　）、たくさん汗をかいたようで、ねまきが濡れていた。

1 間に　2 場合に　3 時間に　4 期間に

48 息子さんが週末面会に（　　　）おっしゃっていました。

1 つもりだって　2 参って　3 うかがって　4 来られるって

49 日本の紙おむつほど品質がいいものは（　　　）。

1 あった　2 ない　3 ある　4 ありそうだ

50 「仰臥位」（　　　）「仰向け」のことですよ。

1 というのは　2 というには　3 というので　4 といいながら

51 酒井さんに間食をしすぎない（　　　）伝えた。

1 ような　2 ように　3 ようだ　4 ようと

52 日本の歌が歌える（　　　）、一曲だけです。

1 からこそ　2 から　3 といっても　4 とは

53 口腔ケア（　　　）研修を受けました。

1　についての　　2　にとっての　　3　によっての　　4　にかわる

54 看護師によると、今日から入浴してもいい（　　　）です。

1　ということ　　2　というなら　　3　というの　　4　というはず

55 田口さんは暇（　　　）あれば、おりがみで鶴を折っています。

1　だけ　　2　こそ　　3　まで　　4　さえ

56 体が熱いので熱を測った（　　　）、38度ありました。

1　ところへ　　2　ところ　　3　ところに　　4　ところを

57 （運ばれてきた食事を見て）

利用者「こんなにたくさん食べられる（　　　）よ。」

職員「では、少し減らしましょうか。」

1　わけがない　　2　わけではない

3　わけにはいかない　　4　わけだ

58 強風の（　　　）、本日の商店街への買い物は中止です。

1　から　　2　せい　　3　ため　　4　より

59 リハビリを始める前（　　　）、ずいぶん歩けるようになりましたね。

1　に関して　　2　に見て　　3　に考えて　　4　に比べて

60 この施設は聞いていた（　　　）、自然が豊かな場所にある。

1　とたん　　2　とおり　　3　ので　　4　らしい

61 このお茶、（　　　）かけですね。もう少し召し上がりませんか？

1　飲む　　2　飲んで　　3　飲み　　4　飲んだ

62 私は将来、介護福祉士（　　　）日本で働きたい。

1　として　　2　について　　3　にして　　4　という

63 寒くなる（　　　）、肌がかさかさになってきた。

1　といえば　　2　に関して　　3　と思って　　4　につれて

64 褥瘡ができないようにする（　　　）、体位変換をしましょう。

1　ことに　　2　ように　　3　ために　　4　わけに

65 出かける準備はできましたね。あとはタクシーが来るのを（　　　）ばかりですね。

1　待った　　2　待つ　　3　待ち　　4　待って

66 リーダーは夜勤だから、昼は来ない（　　　）。

1　はずだ　　2　からだ　　3　ほどだ　　4　くらいだ

文法②

文の組み立て

78問

☑「文の組み立て」は、＿ ＿ ＿ ＿ に入る言葉を正しい順番に並べる問題です。

1 寒く ＿＿＿ ＿＿＿ ＿＿＿ ＿＿＿ ましょう。

1　うちに　　2　お部屋に　　3　ならない　　4　もどり

2 昼の ＿＿＿ ＿＿＿ ＿＿＿ ＿＿＿ が、答えられなかったので先輩に答えてもらった。

1　利用者に　　2　聞かれた　　3　献立　　4　について

3 利用者「＿＿＿ ＿＿＿ ＿＿＿ ＿＿＿ わ。引き出しに入れておいたのに。」
職員　「そうですか。では、いっしょに探してみましょうか。」

1　大事な　　2　なくなる　　3　はずがない　　4　財布が

4 あさっての整形外科の ＿＿＿ ＿＿＿ ＿＿＿ ＿＿＿ です。

1　娘さんが　　2　受診は　　3　ということ　　4　付き添う

5 明日は早番だから、＿＿＿ ＿＿＿ ＿＿＿ ＿＿＿。

1　わけにはいかない　　2　飲み

3　すぎる　　4　お酒を

6 南さんは、いすから ＿＿＿ ＿＿＿ ＿＿＿ ＿＿＿ しまった。

1　転倒　　2　として　　3　立ち上がろう　　4　して

7 水 ＿＿＿ ＿＿＿ ＿＿＿ ＿＿＿ 入れてください。

1　消毒剤を　　2　キャップ一杯の

3　に対して　　4　1リットル

8 エリカさん、私の ＿＿＿ ＿＿＿ ＿＿＿ ＿＿＿ もらえる？

1　きて　　2　大森さんのタオルを

3　かわりに　　4　取って

9 中川さんの左のももに ＿＿＿ ＿＿＿ ＿＿＿ ＿＿＿ 。

1 1円玉　　2 ありました　　3 内出血が　　4 ぐらいの

10 大雨の ＿＿＿ ＿＿＿ ＿＿＿ ＿＿＿ なってしまった。

1 午後の　　2 外出が　　3 せいで　　4 中止に

11 太田さん ＿＿＿ ＿＿＿ ＿＿＿ ＿＿＿ いない。

1 習字が　　2 利用者は　　3 上手な　　4 ほど

12 中野さんは ＿＿＿ ＿＿＿ ＿＿＿ ＿＿＿ 思い出すそうだ。

1 するたびに　　2 レクリエーションで

3 子どものころを　　4 手遊びを

13 利用者 ＿＿＿ ＿＿＿ ＿＿＿ ＿＿＿ の一つだ。

1 ご家族との　　2 面会は　　3 楽しみ　　4 にとって

14 高梨さんはテレビで ＿＿＿ ＿＿＿ ＿＿＿ ＿＿＿、機嫌がいい。

1 相撲　　2 いれば　　3 さえ　　4 見て

15 施設の中では同じ国の人とも ＿＿＿＿ ＿＿＿＿ ＿＿＿＿ ＿＿＿＿ 。

1 話す　　2 しました　　3 ことに　　4 日本語で

16 ＿＿＿＿ ＿＿＿＿ ＿＿＿＿ ＿＿＿＿ してきます。

1 ついでに　　2 事務所に　　3 行く　　4 コピーを

17 利用者によって ＿＿＿＿ ＿＿＿＿ ＿＿＿＿ ＿＿＿＿ 注意してください。

1 とろみの　　2 ので　　3 濃さが　　4 違う

18 ハイさんの ＿＿＿＿ ＿＿＿＿ ＿＿＿＿ ＿＿＿＿、松木さんがほめていたよ。

1 上手に　　2 なったって　　3 日本語が　　4 とても

19 小原職員「国家試験に合格したんだね。おめでとう。」

ニラ　「ありがとうございます。＿＿＿＿ ＿＿＿＿ ＿＿＿＿ ＿＿＿＿ のおかげです。」

1 合格できた　　2 小原さんや　　3 みなさん　　4 のは

20 リーダーが ＿＿＿＿ ＿＿＿＿ ＿＿＿＿ ＿＿＿＿ をします。

1 くれた　　2 教えて　　3 シーツ交換　　4 とおりに

21 利用者の ＿＿＿＿ ＿＿＿＿ ＿＿＿＿ ＿＿＿＿ 介護の仕事をしています。

1 してほしい　　2 と思って　　3 長生き　　4 みなさんには

22 「また魚か。＿＿＿ ＿＿＿ ＿＿＿ ＿＿＿んだけど。」

1　ない　　2　なんか　　3　もう食べたく　　4　魚

23 ＿＿＿ ＿＿＿ ＿＿＿ ＿＿＿ね。明日、みなさんで、ひな人形を飾りましょう。

1　というと　　2　3月　　3　ひな祭り　　4　です

24 このすり傷は＿＿＿ ＿＿＿ ＿＿＿ ＿＿＿できたものだ。

1　昨夜　　2　によって　　3　の　　4　転倒

25 職員「久保田さんのご家族はまだいらっしゃいませんか？」
アニタ「はい。昨日、電話が＿＿＿ ＿＿＿ ＿＿＿ ＿＿＿が。」

1　いらっしゃる　　2　ので　　3　あった　　4　はずです

26 年をとっても、みんなが同じように＿＿＿ ＿＿＿ ＿＿＿ ＿＿＿。

1　介護が　　2　とは限らない　　3　必要に　　4　なる

27 日本人の職員の＿＿＿ ＿＿＿ ＿＿＿ ＿＿＿、まだまだ難しい。

1　記録を　　2　書きたい　　3　ように　　4　が

28 谷口さんは＿＿＿ ＿＿＿ ＿＿＿ ＿＿＿居眠りしている。

1　編みかけの　　2　まま　　3　持った　　4　マフラーを

29 記録を ＿＿＿ ＿＿＿ ＿＿＿ ＿＿＿ 。

1 最中に　　2 書いている　　3 鳴った　　4 ナースコールが

30 ＿＿＿ ＿＿＿ ＿＿＿ ＿＿＿ ので、ベランダの植木鉢を片づけておこう。

1 にかけて　　2 台風がくる　　3 明日から　　4 あさって

31 村上さん「もう水はずいぶん飲んだよ。」

ヒスナ「そうですね。たくさん飲むのは大変ですが、

あと少しですから、＿＿＿ ＿＿＿ ＿＿＿ ＿＿＿ ましょうか。」

1 ある　　2 コップに　　3 飲んじゃい　　4 だけ

32 ケアマネ ＿＿＿ ＿＿＿ ＿＿＿ ＿＿＿ です。

1 という　　2 のこと

3 ケアマネジャー　　4 のは

33 岡田さんは若い頃 ＿＿＿ ＿＿＿ ＿＿＿ ＿＿＿ そうだ。

1 働いて　　2 美容師　　3 いた　　4 として

34 年を ＿＿＿ ＿＿＿ ＿＿＿ ＿＿＿ 人の割合は増えていく。

1 なる　　2 とれば　　3 認知症に　　4 とるほど

35 ＿＿＿ ＿＿＿ ＿＿＿ ＿＿＿、栄養のバランスもいい。

1 施設の　　2 おいしい　　3 食事は　　4 ばかりでなく

36 体や病気について、＿＿＿ ＿＿＿ ＿＿＿ ＿＿＿ だった。

1　べき　　2　勉強して　　3　もっと　　4　おく

37 長谷川さんは ＿＿＿ ＿＿＿ ＿＿＿ ＿＿＿ ので注意が必要だ。

1　食事　　2　食べようとする

3　まで　　4　となりの方の

38 小倉さんは ＿＿＿ ＿＿＿ ＿＿＿ ＿＿＿ だ。

1　今朝は　　2　気分がいい　　3　とても　　4　みたい

39 リーダー「藤井さんは？」

フォン　「居室です。」

リーダー「そうですか。じゃ、＿＿＿ ＿＿＿ ＿＿＿ ＿＿＿ ください。」

1　ように　　2　いらっしゃる　　3　言ってきて　　4　食堂に

40 介護が必要になってからも、＿＿＿ ＿＿＿ ＿＿＿ ＿＿＿ いきたい。

1　その人らしい　　2　できるように　　3　生活が　　4　サポートして

41 音楽の先生だったんですね。それで ＿＿＿ ＿＿＿ ＿＿＿ ＿＿＿ ね。

1　お上手だ　　2　歌が　　3　わけなんです　　4　という

42 ＿＿＿ ＿＿＿ ＿＿＿ ＿＿＿。

1　しかない　　2　あと一箱　　3　が　　4　ティッシュ

43 老人ホームの ＿＿ ＿＿ ＿＿ ＿＿ の知識も必要である。

1 仕事には　2 生活支援　3 はもちろん　4 介護の知識

44 食事の ＿＿ ＿＿ ＿＿ ＿＿ 見守りも忘れないようにしましょう。

1 する　2 一方で　3 準備を　4 利用者の

45 加藤さんは ＿＿ ＿＿ ＿＿ ＿＿ 上がった。

1 何かを　2 立ち　3 かのように　4 思い出した

46 ご家族 ＿＿ ＿＿ ＿＿ ＿＿ ことになりました。

1 してもらう　2 報告は　3 に対する　4 看護師から

47 池田さんは「お茶をもう一杯くれる？」＿＿ ＿＿ ＿＿ ＿＿。

1 がちに　2 と　3 言った　4 遠慮

48 ペーパータオルは ＿＿ ＿＿ ＿＿ ＿＿ おいてくださいね。

1 補充して　2 きる　3 前に　4 使い

49 糖尿病 ＿＿ ＿＿ ＿＿ ＿＿ があります。

1 さまざまな　2 もの　3 症状には　4 による

50 竹下さん ＿＿ ＿＿ ＿＿ ＿＿ と思います。

1 親切な　2 人は　3 ぐらい　4 いない

51 高橋さんは ＿＿＿＿ ＿＿＿＿ ＿＿＿＿ ＿＿＿＿、転倒に気をつけてください。

1 ときどき　2 ので　3 ふらつく　4 ことがある

52 ＿＿＿＿ ＿＿＿＿ ＿＿＿＿ ＿＿＿＿、「ごはんはまだなの？」と聞かれた。

1 ばかり　2 終わった　3 食事が　4 なのに

53 昨日書いた記録を見直してみたら、＿＿＿＿ ＿＿＿＿ ＿＿＿＿ ＿＿＿＿。

1 間違い　2 漢字が　3 だらけ　4 だった

54 感染症予防のため、＿＿＿＿ ＿＿＿＿ ＿＿＿＿ ＿＿＿＿ おります。申し訳ございません。

1 ご面会は　2 ことに　3 なって　4 できない

55 坂本さん、＿＿＿＿ ＿＿＿＿ ＿＿＿＿ ＿＿＿＿ です。

1 っぽい　2 少し　3 熱　4 よう

56 倉庫に ＿＿＿＿ ＿＿＿＿ ＿＿＿＿ ＿＿＿＿ きます。

1 トイレットペーパー　2 行って

3 を　4 取りに

57 井上さんは「昨日 ＿＿＿＿ ＿＿＿＿ ＿＿＿＿ ＿＿＿＿。」と言っています。

1 から　2 かゆくて　3 背中が　4 たまらない

58 ジョ　「日本のお正月って、どんな料理を食べるんですか？」
鈴木さん「そうね。____ ____ ____ ____ 食べるわね。」

1　という　　2　料理　　3　お雑煮　　4　を

59 シャツの ____ ____ ____ ____ ね。あとでつけておきますね。

1　取れ　　2　ボタンが　　3　かけて　　4　います

60 ____ ____ ____ ____ 頭が痛い。

1　ないけど　　2　起きられ　　3　ない　　4　ことは

61 新聞が ____ ____ ____ ____ んだ。

1　字が小さくて　　2　というより　　3　見えない　　4　読めない

62 もし長い ____ ____ ____ ____ 帰りたい。

1　休みが　　2　としたら　　3　国へ　　4　とれる

63 高齢者が使う ____ ____ ____ ____ ものがよい。

1　使える　　2　だからこそ　　3　簡単に　　4　もの

64 村山さん「今日は ____ ____ ____ ____ ？」
モニカ　「いいえ、明日ですよ。」

1　っけ　　2　だった　　3　お風呂　　4　の日

65 夜勤明け ____ ____ ____ ____ いる。

1　眠い　　2　は　　3　決まって　　4　に

66 ＿＿＿＿ ＿＿＿＿ ＿＿＿＿ ＿＿＿＿ 看護師に言ってくださいね。

1　なら　　2　どこか　　3　の　　4　痛い

67「この20年 ＿＿＿＿ ＿＿＿＿ ＿＿＿＿ ＿＿＿＿。」と石井さんは言った。

1　ことが　　2　かぜなんて　　3　ない　　4　ひいた

68 これからも外国人 ＿＿＿＿ ＿＿＿＿ ＿＿＿＿ ＿＿＿＿ 思います。

1　介護職員は　　2　の　　3　と　　4　増えていく

69 グェン「玉川さん、入浴の時間ですよ。」
玉川さん「＿＿＿＿ ＿＿＿＿ ＿＿＿＿ ＿＿＿＿。」

1　入りたくない　　2　気味　　3　だから　　4　かぜ

70 ＿＿＿＿ ＿＿＿＿ ＿＿＿＿ ＿＿＿＿ 100歳以上の高齢者は9万人を超えたそうです。

1　昨日　　2　ニュース　　3　によると　　4　の

71 角田さん ＿＿＿＿ ＿＿＿＿ ＿＿＿＿ ＿＿＿＿、とてもきれいな紫色だ。

1　セーター　　2　は　　3　の　　4　着ている

72 お孫さんが会いに ＿＿＿＿ ＿＿＿＿ ＿＿＿＿ ＿＿＿＿。

1　に違いない　　2　来て　　3　うれしかった　　4　くれて

73 渡辺さんは、食事を ＿＿＿＿ ＿＿＿＿ ＿＿＿＿ ＿＿＿＿ いらないと言っている。

1　とらない　　2　お茶　　3　ばかりか　　4　も

74 自分でやる前に、____ ____ ____ ____ よかった。

1 リーダーに　2 相談　3 おけば　4 して

75 水分は ____ ____ ____ ____ ください。

1 とって　2 しっかり　3 いただく　4 ようにして

76 反応がないからといって、____ ____ ____ ____ わけではない。

1 声が　2 いない　3 こちらの　4 聞こえて

77 佐藤さんはとてもおだやかなお顔で、____ ____ ____ ____。

1 眠っている　2 みたい　3 でした　4 まるで

78 ____ ____ ____ ____、気持ちよさそうに寝てしまった。

1 始まった　2 が　3 マッサージ　4 とたん

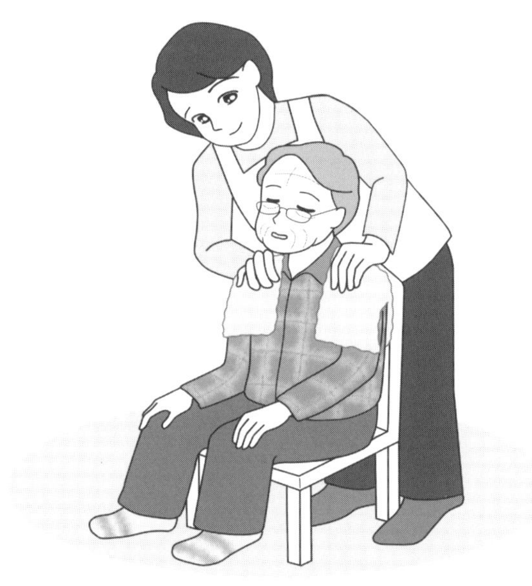

文法③

文章の文法

7問

☑「文章の文法」は、文章の中の＿＿＿＿に入る言葉を選ぶ問題です。

問題1

私はレクリエーションの時間が好きだ。初めてレクリエーションの司会をしたときは、とても緊張したけど、先輩のサポートの①＿＿＿＿ うまくできたと思う。

昨日はカラオケだった。歌が上手な利用者②＿＿＿＿ 山崎さんだ。山崎さんはテレビの歌番組で優勝したこともあるそうだ。いつもは静かだけど、マイクを持つと人が変わったみたいになって、③＿＿＿＿ 本物の歌手のようだ。

「もっと歌ってほしいわ。」と誰かが言うと、山崎さんは④＿＿＿＿ が、リクエストした歌を3曲も歌ってくれた。みなさんもそれに合わせて手拍子をして楽しんでいた。

私も次⑤＿＿＿＿ は、自分の国の歌を歌ってみよう。みなさん、喜んでくれるといいな。

① 1 ためで　2 せいで　3 ようで　4 おかげで

② 1 という　2 といえば　3 によって　4 にとって

③ 1 まるで　2 結局（けっきょく）　3 せっかく　4 めったに

④ 1 恥（は）ずかしきっていた　2 恥（は）ずかしがちだ
3 恥（は）ずかし気味（ぎみ）だ　4 恥（は）ずかしがっていた

⑤ 1 まで　2 さえ　3 こそ　4 と

問題2

昼食の時間。利用者①________、介助の仕方や食べる速さはさまざまだ。

いつもはすぐに食べ始める近藤さんが、今日はなかなか②________。何か理由があるのだろうと思って「どうなさいましたか？　おなかが空いていないんですか？」と聞くと「ええと……実は、おなかが空いていない③________歯が痛くて食べられそうにないんだよ。」と言った。すぐに看護師と他の職員に伝えて、ご飯はおかゆに、おかずは細かく刻んで食べてもらう④________。

夕方には歯科医師の往診があり、痛みの原因がわかった。近藤さんには、「もし痛かったら遠慮せずに教えてくださいね。」と伝えた。

① 1 で　2 について　3 には　4 によって

② 1 食べにくい　2 食べるばかりではない
3 食べようとしない　4 食べることはない

③ 1 限り　2 というより
3 だけではなく　4 のはもちろん

④ 1 ことがあった　2 ことになった
3 ことだ　4 かもしれない

問題3

今日は、午後から利用者と近くの公園まで散歩に出かけることになった。春①＿＿＿＿、まだ風は冷たい。

出かける前に、森さんの居室に行くと、何を着るか悩んでいる様子だった。「娘さん②＿＿＿＿持ってきてくれたカーディガンにしましょうか。」と聞いたところ、「そうね、それがいいわね。」と言った。そのカーディガンは先月の誕生日に娘さんからプレゼントされたものだ。薄いピンク色でボタンが桜の花の形になっていて春③＿＿＿＿デザインだ。ボタンがかけにくいようだったので、お手伝いをした。髪を整えて帽子をかぶった森さんは洗面所の鏡を見て、とてもうれしそうにしていた。それを見たら、私の気持ち④＿＿＿＿あたたかくなった。

	1	2	3	4
①	1 によって	2 といっても	3 について	4 というより
②	1 に	2 の	3 と	4 は
③	1 らしい	2 ばかりの	3 だらけの	4 のまま
④	1 など	2 とか	3 まで	4 しか

問題4

夕食の前に、テーブルを拭いていると中村さんが近づいてきた。「あなたは私と同い年くらいかしら？」と聞かれた。そんな①＿＿＿＿。私は25歳だ。

中村さんは「家で子どもが待っているから、そろそろ帰らなければいけない。あなたも早く帰りなさい。」と言った。中村さんの心は若い頃に戻っているようなので、②＿＿＿＿話を聞くことにした。いろいろ話を聞いてみると、娘さんは明るい性格であるのに対して、息子さんは大人しくて、自分からはあまりしゃべらない性格なのだそうだ。

ある日、夕食の③＿＿＿＿大きな地震があったとき、息子さんはすぐに「お母さん、大丈夫？　あわてる④＿＿＿＿よ。ぼくがいるから心配しないで。」と言ってくれたそうだ。「やさしい息子さんなんですね。」と言うと、中村さんはにっこりとうなずいた。

そのあと、夕食が⑤＿＿＿＿ので「おいしそうですよ。召し上がりませんか？」と言うと「ありがとう。いただくわ。」と食べ始め、その後は帰りたいとは言わなかった。

① 1 わけにはいかない　2 わけがない
3 わけだ　4 わけではない

② 1 否定(ひてい)して　2 否定(ひてい)しながら
3 否定(ひてい)せずに　4 否定(ひてい)するように

③ 1 うちに　2 最中(さいちゅう)に　3 なかに　4 までに

④ 1 ことはない　2 はずがない
3 わけがない　4 とは限(かぎ)らない

⑤ 1 運(はこ)ぼうとした　2 運(はこ)ばれそうになった
3 運(はこ)んでみた　4 運(はこ)ばれてきた

問題5

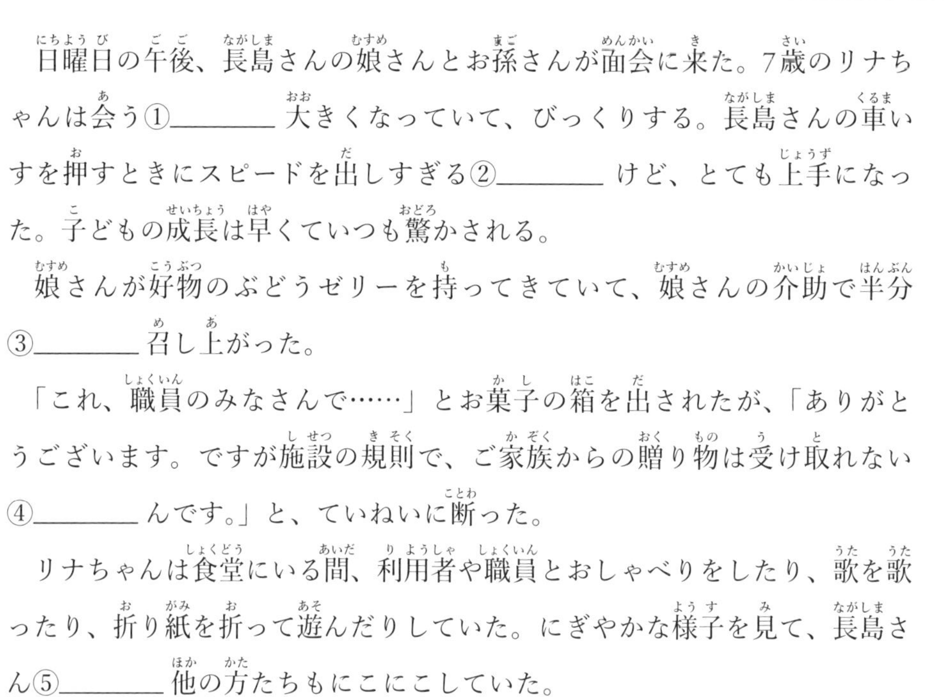

日曜日の午後、長島さんの娘さんとお孫さんが面会に来た。7歳のリナちゃんは会う①＿＿＿＿ 大きくなっていて、びっくりする。長島さんの車いすを押すときにスピードを出しすぎる②＿＿＿＿ けど、とても上手になった。子どもの成長は早くていつも驚かされる。

娘さんが好物のぶどうゼリーを持ってきていて、娘さんの介助で半分③＿＿＿＿ 召し上がった。

「これ、職員のみなさんで……」とお菓子の箱を出されたが、「ありがとうございます。ですが施設の規則で、ご家族からの贈り物は受け取れない④＿＿＿＿ んです。」と、ていねいに断った。

リナちゃんは食堂にいる間、利用者や職員とおしゃべりをしたり、歌を歌ったり、折り紙を折って遊んだりしていた。にぎやかな様子を見て、長島さん⑤＿＿＿＿ 他の方たちもにこにこしていた。

① 1 たびに　2 かわりに　3 ように　4 ために

② 1 ことにする　2 ことがある　3 ようにする　4 のもある

③ 1 がちで　2 なんか　3 っぽい　4 ほど

④ 1 ことになっている　2 ことにしている
3 こと　4 ことではない

⑤ 1 というより　2 ばかり
3 ほどではなく　4 ばかりでなく

問題6

鈴木さんは一人で入浴するが、見守りをしなければならない。声かけをしないと何度も同じところ①＿＿＿＿洗うことがあるし、立ち上がりに介助が必要だからだ。

金曜日の入浴日に「腕ばかりじゃなくて、他も洗ってくださいね。」と②＿＿＿＿、「もう全部洗ったわよ。」と少し怒り③＿＿＿＿だった。私の言い方が悪かったのかもしれない。何と言ったらいいのだろう。

そのあと、「お背中を洗いましょうか。」と声をかけてから洗うと「もっと強くこすって。ごしごしね。ああ、気持ちがいい。人に背中を洗ってもらうこと④＿＿＿＿気持ちがいいものはないわね。」と満足した様子だった。右のお尻に3センチくらいのひっかいたあとがあったので、どうしたのかと聞くと、昨日の夜中にかゆくてかいてしまった⑤＿＿＿＿。痛みはないと言っていた。あとで、看護師にも報告しておかなくてはならない。

① 1 でも　2 こそ　3 ばかり　4 まで

② 1 言(い)ったところ　2 言(い)っているところ
3 言(い)うところ　4 言(い)いながら

③ 1 らしい　2 っぽい　3 気味(きみ)　4 かけ

④ 1 なら　2 だけ　3 でも　4 ほど

⑤ 1 とおりだ　2 ということだ
3 となった　4 とした

問題7

　今朝、吉田さんが入所した。私たち職員は吉田さん①＿＿＿＿ の書類を読んではいるが、付き添いのご家族とたくさん話をして、吉田さんについていろいろなことを知ることができた。たとえば、先月、お孫さんや親戚と米寿のお祝いをしたこと、甘いものがあまり好きではないこと、コーヒーはブラックで飲むことなどだ。

　食堂では、まわりの方と楽しそうに話していたが、ご家族が②＿＿＿＿話さなくなって居室に行ってしまった。「また明日、息子さんとお嫁さんが面会にいらっしゃいますよ。」と伝えにいくと、少し安心した③＿＿＿＿。

　ベッドの横に吉田さんと女性が写っている写真が置いてあり、その女性は10年前に亡くなった奥様だという。「この写真は私④＿＿＿＿ 宝物なんだ。子どもたちが大きくなってから、初めて二人で旅行したときのものなんだよ。」と教えてくれた。

　吉田さんは会社員だったころ、出張で国内⑤＿＿＿＿ 海外にも何度も行ったと言っていた。奥様は「私はいつも留守番ね。私もどこかに行きたいわ。」と言っていたので、二人で旅行するのが決まったときは大喜びしたそうだ。

　私はまだ日本で旅行したことがないので、吉田さんにおすすめの場所を聞いてみた。ここからどうやって行くんだろう。調べるのも日本語の勉強になる。がんばろう。

① 1 によって 2 にかけて 3 に関(かん)して 4 に対(たい)して

② 1 帰(かえ)ったとおり 2 帰(かえ)りながら 3 帰(かえ)ったとたん 4 帰(かえ)りそうで

③ 1 つもりだった 2 ようだった 3 ことになった 4 そうだ

④ 1 にかわって 2 について 3 のたびに 4 にとって

⑤ 1 はもちろん 2 だけで 3 ではなく 4 なんか

あとがき

たくさんの問題にチャレンジしてくださって、ありがとうございます。

むずしかったでしょうか？　やさしかったでしょうか？

たくさんの問題にチャレンジしたみなさんが、「介護の現場で日本語を使う自信がついた」と思ってくださるとうれしいです。

そして問題を解くのをサポートしてくださったみなさんが「介護の現場で日本語について考えるいい機会になった」と思ってくださるとうれしく思います。

この本を通して、介護の現場で働くみなさんの絆が深まることを願っています。

最後になりましたが、監修の浦澤由美さんには初めの企画段階から原稿の最終チェックまで親身になって取り組んでいただき、本当にお世話になりました。実際に練習問題を試用してくださったり、コメントをしてくださったりした執筆協力者のみなさん（お名前は奥付に記載させていただきました）、原稿製作時にご協力いただいたはまちさん、カプリレオさんに厚く御礼申し上げます。また、スペシャルサポーターとして介護関係の詳細をチェックしてくださいました山内美和子さんにも厚く御礼申し上げます。

そしてこの本を出版するにあたり、私たちの思いをくみ取ってくださり多大なるお力添えをいただいたココ出版の吉峰晃一朗さん、田中哲哉さん、清水晶子さんに深く感謝申し上げます。

著者一同

●執筆者
浦澤由美（フリーランス）
西隈俊哉（日本語フロンティア）
鈴村睦子（日本語フロンティア）
畔柳直哉（日本語フロンティア）

●製作協力者（アイウエオ順）
朝戸サルヴァドール千鶴（にほんごサロンASA）
有馬こず恵（宮崎情報ビジネス医療専門学校）
大原千加子（日本語教育支援グループことのは）
神林万理恵（愛知県介護福祉士会・愛知商工連盟協同組合）
児玉恵理（フリーランス）
篠原里美（日本語フロンティア）
藤原節夫（ワン・パーパス国際学院）
松浦みゆき（日立さくら日本語学校・日立国際交流協議会）
村知瑞季（Kotsu kotsu Nihongo）
森口晶子（明新日本語学校）
山口瞳（専門学校アリス学園 加賀校）

●イラスト
油川美和（Find Purpose Lab）

日本語能力試験（JLPT）対策
介護のN3

2023年6月15日　初版第1刷発行

監修　浦澤由美
著者　日本語フロンティア（西隈俊哉・鈴村睦子・畔柳直哉）
発行者　吉峰晃一朗・田中哲哉
発行所　株式会社ココ出版
〒162-0828
東京都新宿区袋町25-30-107
電話　03-3269-5438　ファックス　03-3269-5438
装丁・組版設計　伊藤 悠
印刷・製本　株式会社シナノパブリッシングプレス

ISBN 978-4-86676-067-4

介護のN3 解答・解説

語彙①

文脈規定 50問

〈名詞〉20問　p.2～

[1] 2　[2] 3　[3] 4　[4] 2　[5] 3
[6] 2　[7] 1　[8] 3　[9] 1　[10] 4
[11] 2　[12] 4　[13] 3　[14] 1　[15] 4
[16] 1　[17] 3　[18] 2　[19] 4　[20] 1

〈動詞〉10問　p.5

[1] 4　[2] 1　[3] 3　[4] 2　[5] 3
[6] 2　[7] 4　[8] 1　[9] 2　[10] 3

〈イ形容詞・ナ形容詞〉10問　p.6

[1] 2　[2] 1　[3] 4　[4] 4　[5] 1
[6] 1　[7] 3　[8] 3　[9] 2　[10] 3

〈その他〉10問　p.7～

[1] 2　[2] 3　[3] 1　[4] 4　[5] 4
[6] 1　[7] 2　[8] 3　[9] 3　[10] 1

語彙②

言い換え類義 40問

〈名詞〉10問　p.10～

[1] 1　[2] 3　[3] 2　[4] 1　[5] 4
[6] 2　[7] 1　[8] 3　[9] 4　[10] 2

〈動詞〉20問　p.12～

[1] 2　[2] 1　[3] 3　[4] 2
[5] 4　[6] 3

※最近では携帯電話やタブレットのメモ機能に入力することも「メモする」と言うようです。

[7] 3　[8] 1　[9] 4　[10] 3　[11] 2
[12] 1　[13] 3　[14] 1　[15] 2　[16] 4
[17] 2　[18] 1　[19] 4　[20] 1

※厨房→食物を調理するところ。

〈イ形容詞・ナ形容詞・副詞・その他〉10問　p.15～

[1] 2　[2] 4　[3] 2　[4] 1　[5] 1
[6] 3　[7] 4　[8] 1　[9] 2　[10] 3

語彙③

用法 25問

〈名詞〉5問　p.18～

[1] 3　[2] 4　[3] 1　[4] 3　[5] 2

〈動詞〉10問　p.20～

[1] 4　[2] 1　[3] 3　[4] 4　[5] 2
[6] 2　[7] 1　[8] 3　[9] 1　[10] 2

〈イ形容詞・ナ形容詞〉5問　p.23～

[1] 1　[2] 1　[3] 4　[4] 3　[5] 2

〈副詞〉5問　p.25～

[1] 3　[2] 4　[3] 2　[4] 1　[5] 3

文法①

文法形式の判断 66問

[1] ～ [7]　p.28

[1] 3

リハビリを続けている（うちに）、また歩けるようになりますよ。

◇今日のうちに、来週のレクリエーションの準備をしておこう。

[2] 4

(落ち着かない様子の馬場さん)

ニシャ　「馬場さん、どうなさいましたか？」

馬場さん「ここにいる（わけにはいかない）

の。家に帰って子どもの夕飯を作らなくちゃ。」

[3] 1

トイレの電気が（つけ）っぱなしでした。

[4] 2

暑い（からこそ）、お風呂で汗を流しましょう。すっきりしますよ。

[5] 1

宮崎さんは眼鏡の（まま）眠ってしまった。

[6] 4

利用者の名前を覚えるには、積極的に話し（かける）とよいだろう。

[7] 3

職員A「利用者（に対して）、子どもに言うような話し方は、しないほうがいいと思います。」

職員B「ええ。そうですね。」

[8] ～ [12] p.29

[8] 2

明日はボランティアグループ（による）コンサートがあるそうだ。

[9] 4

熱が下がってからでないと、入浴（できません）。

◇意識がはっきりしてからでないと、お茶を飲むのはあぶない。

[10] 2

今日は寒いので散歩に（行く）かわりに、風船バレーをしましょう。

◇プリンのかわりにゼリーをお出しします。

[11] 1

新しい利用者の食事の注意点（について）メモを取った。

[12] 3

神谷さんはいくら名前を（呼んでも）、返事をしてくれない。

[13] ～ [20] p.30

[13] 4

施設（に対する）ご家族からの苦情や不満は、リーダーに必ず報告してください。

◇高齢者に対する尊敬の気持ちを忘れないようにします。

[14] 3

横山さんは、おかず（ばかり）食べている。

[15] 1

毎日の体操の（おかげで）少し腕が上がるようになりました。

[16] 2

私（にとって）は、移乗介助は難しい。

[17] 1

昼から夕方（にかけて）、医師の往診があります。

[18] 1

このポータブルトイレは、まるで普通のいすの（ようだ）。

[19] 4

原田さんは部屋にこもり（がち）で、レクリエーションに参加したがらない。

[20] 2

(朝の申し送りで)

林さん（にかわって）、バクさんが夜勤に入ることになりました。

◇担当の田中にかわり、私がご説明します。

[21] ～ [28] p.31

[21] 3

おむつ交換のあとは、シーツやパジャマにしわができない（ようにしましょう）。

[22] 1

介護記録の書き方は施設（によって）違う。

23 3

高橋さんは一日中テレビを（**見て**）ばかりいる。

24 4

体重を(**測る**)たびに、このノートに記入してください。

25 2

青木さんはいつも、お孫さんに会い（**たがっている**）。

26 2

（**たとえ**）反応がないように見えても、声かけをしてくださいね。

27 4

施設長　「先週、入所した戸田さんの様子はいかがですか？」

ニーニョ「慣れてきたみたいで、笑顔が多く見られる（**ように**）なりました。」

28 1

今日の安藤さんの入浴は中止で、かわりに清拭をする（**ことになりました**）。

29 ～ 37 p.32

29 4

渡辺さんはベッドからの転落（**によって**）骨折をしてしまった。

30 3

来年（**こそ**）ケアマネージャーの資格を取りたい。

31 2

これ、食べられない（**ことはない**）んですが、あまり好きじゃないんです。

32 1

目が（**開けられない**）ほど顔がむくんでいる。

◇「がんばっているね。」と声をかけてもらって、涙が出るほどうれしかった。

33 4

倉庫のカギをかける前に、電気を消したかチェックする（**こと**）。

◇シフトの希望は毎月10日までに申し出ること。

34 3

何か困ったことがあるときは、誰かに（**相談する**）べきだ。

35 2

五十嵐さんは最近むせやすいので、ゆっくり食べる（**ように**）言った。

36 4

入れ歯が合わなくなってきている（**みたい**）ですね。

37 3

阿部さんが滑ってしまったのは、廊下が濡れていた（**せいだ**）。

38 ～ 43 p.33

38 1

認知症（**に関する**）本を読む。

◇持ち物に関しては、担当の職員からお話しします。

39 2

リーダー「神田さん、今日ご家族が面会にいらっしゃるそうですよ。」

マグナ　「それで朝からにこにこしている（**わけです**）ね。」

40 3

居室に洗濯物を置きに行く（**ついでに**）タンスの整理もした。

41 3

田村さんの話を（**聞けば**）聞くほど、わからなくなってしまった。

◇リハビリをすればするほど、指が動くようになってきた。

42 4

大久保さんに雑誌を買って（**きてほしい**）と頼まれた。

43 2

薬は嫌いだと言って（飲もうと）しない。

44 ～ 52 p.34

44 4

利用者やご家族の同意を（得ずに）写真を撮ってはいけない。

45 2

佐藤さんは今日から入浴できる（とか）。お風呂の準備をしておきますね。

46 3

排泄チェック表（によると）、田中さんは3日も便が出ていない。

47 1

寝ている（間に）、たくさん汗をかいたようで、ねまきが濡れていた。

48 4

息子さんが週末面会に（来られるって）おっしゃっていました。

49 2

日本の紙おむつほど品質がいいものは（ない）。

50 1

「仰臥位」（というのは）「仰向け」のことですよ。

◇浮腫といのは、むくみのことだ。

51 2

酒井さんに間食をしすぎない（ように）伝えた。

52 3

日本の歌が歌える（といっても）、一曲だけです。

53 ～ 60 p.35

53 1

口腔ケア（についての）研修を受けました。

54 1

看護師によると、今日から入浴してもいい（ということ）です。

55 4

田口さんは暇（さえ）あれば、おりがみで鶴を折っています。

56 2

体が熱いので熱を測った（ところ）、38度ありました。

◇佐々木さんは顔を洗っているところです。

57 1

(運ばれてきた食事を見て)

利用者「こんなにたくさん食べられる（わけがない）よ。」

職員　「では、少し減らしましょうか。」

58 3

強風の（ため）、本日の商店街への買い物は中止です。

59 4

リハビリを始める前（に比べて）、ずいぶん歩けるようになりましたね。

◇私は錠剤に比べて、粉薬が苦手です。

60 2

この施設は聞いていた（とおり）、自然が豊かな場所にある。

61 ～ 66 p.36

61 3

このお茶、（飲み）かけですね。もう少し召し上がりませんか？

◇描きかけの絵は、その箱に入れておきましょう。

62 1

私は将来、介護福祉士（として）日本で働きたい。

63 4

寒くなる（につれて）、肌がカサカサになってきた。

◇熱が下がるにつれて、食欲も戻ってきた。

64 3

褥瘡ができないようにする（ために）、体位変換をしましょう。

65 2

出かける準備はできましたね。あとはタクシーが来るのを（待つ）ばかりですね。

66 1

リーダーは夜勤だから、昼は来ない（はずだ）。

文法②

文の組み立て 78問

1 ～ 8 p.38

1 3-1-2-4

寒く ならない うちに お部屋に もどり ましょう。

2 3-4-1-2

昼の 献立 について 利用者に 聞かれた が、答えられなかったので先輩に答えてもらった。

3 1-4-2-3

利用者「大事な 財布が なくなる はずがないわ。引き出しに入れておいたのに。」

職員　「そうですか。では、いっしょに探してみましょうか。」

4 2-1-4-3

あさっての整形外科の 受診は 娘さんが 付き添う ということ です。

5 4-2-3-1

明日は早番だから、お酒を 飲み すぎる わけにはいかない。

6 3-2-1-4

南さんは、いすから 立ち上がろう として 転倒して しまった。

7 4-3-2-1

水1リットル に対して キャップ一杯の 消毒剤を 入れてください。

◇電気かみそりでひげを剃るときは、皮ふに対して直角にあてましょう。

8 3-2-4-1

エリカさん、私の かわりに 大森さんのタオルを 取って きて もらえる？

9 ～ 14 p.39

9 1-4-3-2

中川さんの左のももに 1円玉 ぐらいの 内出血が ありました 。

10 3-1-2-4

大雨の せいで 午後の 外出が 中止に なってしまった。

11 4-1-3-2

太田さん ほど 習字が 上手な 利用者は いない。

12 2-4-1-3

中野さんは レクリエーションで 手遊びを するたびに 子どものころを 思い出すそうだ。

13 4-1-2-3

利用者 にとって ご家族との 面会は 楽しみ の一つだ。

14 1-3-4-2

高梨さんはテレビで 相撲 さえ 見て いれば、機嫌がいい。

15 ～ 21 p.40

15 4-1-3-2

施設の中では同じ国の人とも 日本語で 話す ことに しました 。

16 2-3-1-4

事務所に 行く ついでに コピーを してきます。

17 1-3-4-2

利用者によって とろみの 濃さが 違う ので 注

意してください。

18 3-4-1-2

ハイさんの 日本語が とても 上手に なったって 、松木さんがほめていたよ。

◇施設長が事務所に来てほしいって。

19 1-4-2-3

小原職員「国家試験に合格したんだね。おめでとう。」

ニラ 「ありがとうございます。合格できた のは 小原さんや みなさん のおかげです。」

20 2-1-4-3

リーダーが 教えて くれた とおりに シーツ交換 をします。

21 4-3-1-2

利用者の みなさんには 長生き してほしい と 思って 介護の仕事をしています。

22 ～ 28 p.41

22 4-2-3-1

「また魚か。魚 なんか もう食べたく ない んだけど。」

◇国家試験、私なんかに合格できるだろうか。

23 2-1-3-4

3月 というと ひな祭り です ね。明日、みなさんで、ひな人形を飾りましょう。

24 1-3-4-2

このすり傷は 昨夜 の 転倒 によって できたものだ。

25 3-2-1-4

職員 「久保田さんのご家族はまだいらっしゃいませんか？」

アニタ「はい。昨日、電話が あった ので いらっしゃる はずです が。」

26 1-3-4-2

年をとっても、みんなが同じように 介護が 必要に なる とは限らない 。

27 3-1-2-4

日本人の職員の ように 記録を 書きたい が 、まだまだ難しい。

◇内山さんのように、いつも元気で明るい職員になりたいです。

28 1-4-3-2

谷口さんは 編みかけの マフラーを 持った まま 居眠りしている。

29 ～ 35 p.42

29 2-1-4-3

記録を 書いている 最中に ナースコールが 鳴った 。

30 3-4-1-2

明日から あさって にかけて 台風がくる ので、ベランダの植木鉢を片づけておこう。

31 2-1-4-3

村上さん「もう水はずいぶん飲んだよ。」

ヒスナ 「そうですね。たくさん飲むのは大変ですが、あと少しですから、コップに ある だけ 飲んじゃい ましょうか。」

32 1-4-3-2

ケアマネ という のは ケアマネジャー のことです。

33 2-4-1-3

岡田さんは若い頃、美容師 として 働いて いたそうだ。

34 2-4-3-1

年を とれば とるほど 認知症に なる 人の割合は増えていく。

35 1-3-2-4

施設の 食事は おいしい ばかりでなく 、栄養のバランスもいい。

36 ～ 42 p.43

36 3-2-4-1

体や病気について、もっと 勉強して おく べきだった。

37 4-1-3-2

長谷川さんは となりの方の 食事 まで 食べようとする ので注意が必要だ。

◇セーターを脱ごうとして、下着まで脱いでしまった。

38 1-3-2-4

小倉さんは 今朝は とても 気分がいい みたいだ。

39 4-2-1-3

リーダー「藤井さんは？」

フォン　「居室です。」

リーダー「そうですか。じゃ、食堂に いらっしゃる ように 言ってきて ください。」

40 1-3-2-4

介護が必要になってからも、その人らしい 生活が できるように サポートして いきたい。

41 2-1-4-3

音楽の先生だったんですね。それで 歌が お上手だ という わけなんです ね。

42 4-3-2-1

ティッシュ が あと一箱 しかない 。

43 ～ 50 p.44

43 1-4-3-2

老人ホームの 仕事には 介護の知識 はもちろん 生活支援 の知識も必要である。

44 3-1-2-4

食事の 準備を する 一方で 利用者の 見守りも 忘れないようにしましょう。

◇鈴木さんの状態は悪くなる一方だ。

45 1-4-3-2

加藤さんは 何かを 思い出した かのように 立ち 上がった。

46 3-2-4-1

ご家族 に対する 報告は 看護師から してもらう ことになりました。

※名前＋看護師で呼ぶことがあります。例）望月看護師

47 2-4-1-3

池田さんは「お茶をもう一杯くれる？」と 遠慮 がちに 言った 。

48 4-2-3-1

ペーパータオルは 使い きる 前に 補充して おいてくださいね。

49 4-3-1-2

糖尿病 による 症状には さまざまな もの があります。

◇山田さんは誤嚥による肺炎で現在 入院中です。

50 3-1-2-4

竹下さん ぐらい 親切な 人は いない と思います。

51 ～ 57 p.45

51 1-3-4-2

高橋さんは ときどき ふらつく ことがある ので、転倒に気をつけてください。

52 3-2-1-4

食事が 終わった ばかり なのに 、「ごはんはまだなの？」と聞かれた。

◇近藤さんは起きたばかりで、まだ顔を洗っていません。

53 2-1-3-4

昨日書いた記録を見直してみたら、漢字が 間違い だらけ だった 。

54 1-4-2-3

感染症予防のため、ご面会は できない ことになって おります。申し訳ございません。

55 2-3-1-4

坂本さん、少し 熱 っぽい よう です。

◇おむつに黒っぽい便があったので、看護師に報告しました。

56 1-3-4-2

倉庫に トイレットペーパー を 取りに 行ってきます。

57 1-3-2-4

井上さんは「昨日 から 背中が かゆくて たまらない 。」と言っています。

58 ～ 65 p.46

58 3-1-2-4

ジョ　　「日本のお正月って、どんな料理を食べるんですか？」
鈴木さん「そうね。お雑煮 という 料理 を 食べるわね。」

◇水野さんの娘さんから、施設へ戻るのが遅くなるという連絡がありました。

59 2-1-3-4

シャツの ボタンが 取れ かけて います ね。あとでつけておきますね。

60 2-3-4-1

起きられ ない ことは ないけど 頭が痛い。

61 4-2-1-3

新聞が 読めない というより 字が小さくて 見えない んだ。

62 1-4-2-3

もし長い 休みが とれる としたら 国へ 帰りたい。

63 4-2-3-1

高齢者が使う もの だからこそ 簡単に 使えるものがよい。

64 3-4-2-1

村山さん「今日は お風呂 の日 だった っけ ?」
モニカ　「いいえ、明日ですよ。」

65 2-1-4-3

夜勤明け は 眠い に 決まって いる。

66 ～ 73 p.47

66 2-4-3-1

どこか 痛い の なら 看護師に言ってくださいね。

◇食べにくいようなら細かく切りましょうか。

67 2-4-1-3

「この20年 かぜなんて ひいた ことが ない 。」と石井さんは言った。

68 2-1-4-3

これからも外国人 の 介護職員は 増えていくと 思います。

◇玄関までゆっくり歩いていきましょう。

69 4-2-3-1

グエン　「玉川さん、入浴の時間ですよ。」
玉川さん「 かぜ 気味 だから 入りたくない 。」

70 1-4-2-3

昨日 の ニュース によると 100歳以上の高齢者が9万人を超えたそうです。

71 3-4-1-2

角田さん の 着ている セーター は 、とてもきれいな 紫 色だ。

72 2-4-3-1

お孫さんが会いに 来て くれて うれしかったに違いない 。

73 1-3-2-4

渡辺さんは、食事を とらない ばかりか お茶も いらないと言っている。

74 ～ 78 p.48

74 1-2-4-3

自分でやる前に、リーダーに 相談 して おけばよかった。

75 2-1-3-4

水分は しっかり とって いただく ようにしてください。

76 3-1-4-2

反応がないからといって、こちらの 声が 聞こ

えて いない わけではない。

77 **4-1-2-3**

佐藤さんはとてもおだやかなお顔で、まるで眠っている みたい でした 。

78 **3-2-1-4**

マッサージ が 始まった とたん 、気持ちよさそうに寝てしまった。

文法③

文章の文法 7問

問題1 p.50

①4 ②2 ③1 ④4 ⑤3

私はレクリエーションの時間が好きだ。初めてレクリエーションの司会をしたときは、とても緊張したけど、先輩のサポートの① **4 おかげで** うまくできたと思う。

昨日はカラオケだった。歌が上手な利用者② **2 といえば** 山崎さんだ。山崎さんはテレビの歌番組で優勝したこともあるそうだ。いつもは静かだけどマイクを持つと人が変わったみたいになって、③ **1 まるで** 本物の歌手のようだ。

「もっと歌ってほしいわ。」と誰かが言うと、山崎さんは④ **4 恥ずかしがっていた** が、リクエストした歌を3曲も歌ってくれた。みなさんもそれに合わせて手拍子をして楽しんでいた。

私も次⑤ **3 こそ** は、自分の国の歌を歌ってみよう。みなさん、喜んでくれるといいな。

問題2 p.52

①4 ②3 ③2 ④2

昼食の時間。利用者① **4 によって** 、介助の仕方や食べる速さはさまざまだ。

いつもはすぐに食べ始める近藤さんが今日はなかなか② **3 食べようとしない** 。何か理由があるのだろうと思って「どうなさいましたか？おなかが空いていないんですか？」と聞くと「ええと……実は、おなかが空いていない③ **2 というより** 歯が痛くて食べられそうにないんだよ。」と言った。すぐに看護師と他の職員に伝えて、ご飯はおかゆに、おかずは細かく刻んで食べてもらう④ **2 ことになった** 。

夕方には歯科医師の往診があり、痛みの原因がわかった。近藤さんには、「もし痛かったら遠慮せずに教えてくださいね。」と伝えた。

問題3 p.54

①2 ②2 ③1 ④3

今日は、午後から利用者と近くの公園まで散歩に出かけることになった。春① **2 といっても** 、まだ風は冷たい。

出かける前に、森さんの居室に行くと、何を着るか悩んでいる様子だった。「娘さん② **2 の** 持ってきてくれたカーディガンにしましょうか。」と聞いたところ、「そうね、それがいいわね。」と言った。そのカーディガンは先月の誕生日に娘さんからプレゼントされたものだ。薄いピンク色でボタンが桜の花の形になっていて春③ **1 らしい** デザインだ。ボタンがかけにくいようだったので、お手伝いをした。髪を整えて帽子をかぶった森さんは洗面所の鏡を見て、とてもうれしそうにしていた。それを見たら、私の気持ち④ **3 まで** あたたかくなった。

問題4 p.56

①2 ②3 ③2 ④1 ⑤4

夕食の前に、テーブルを拭いていると中村さんが近づいてきた。「あなたは私と同い年くらいかしら？」と聞かれた。そんな① **2 わけがない** 。私は25歳だ。

中村さんは「家で子どもが待っているから、そろそろ帰らなければいけない。あなたも早く帰りなさい。」と言った。中村さんの心は若い頃に戻っているようなので、②**3 否定せずに**話を聞くことにした。いろいろ話を聞いてみると、娘さんは明るい性格であるのに対して、息子さんは大人しくて、自分からはあまりしゃべらない性格なのだそうだ。

ある日、夕食の③**2 最中に**大きな地震があったとき、息子さんはすぐに「お母さん、大丈夫？ あわてる④**1 ことはない**よ。ぼくがいるから心配しないで。」と言ってくれたそうだ。「やさしい息子さんなんですね。」と言うと、中村さんはにっこりとうなずいた。

そのあと、夕食が⑤**4 運ばれてきた**ので「おいしそうですよ。召し上がりませんか？」と言うと「ありがとう。いただくわ。」と食べ始め、その後は帰りたいとは言わなかった。

問題 5 p.58

①1　②2　③4　④1　⑤4

日曜日の午後、長島さんの娘さんとお孫さんが面会に来た。7歳のリナちゃんは会う①**1 たびに**大きくなっていて、びっくりする。長島さんの車いすを押すときにスピードを出しすぎる②**2 ことがある**けど、とても上手になった。子どもの成長は早くていつも驚かされる。

娘さんが好物のぶどうゼリーを持ってきていて、娘さんの介助で半分③**4 ほど**召し上がった。

「これ、職員のみなさんで……」とお菓子の箱を出されたが、「ありがとうございます。ですが施設の規則で、ご家族からの贈り物は受け取れない④**1 ことになっている**んです。」と、ていねいに断った。

リナちゃんは食堂にいる間、利用者や職員とおしゃべりをしたり、歌を歌ったり、折り紙を折って遊んだりしていた。にぎやかな様子を見て、長島さん⑤**4 ばかりでなく**他の方たちもにこにこしていた。

問題 6 p.60

①3　②1　③3　④4　⑤2

鈴木さんは一人で入浴するが、見守りをしなければならない。声かけをしないと何度も同じところ①**3 ばかり**洗うことがあるし、立ち上がりに介助が必要だからだ。

金曜日の入浴日に「腕ばかりじゃなくて、他も洗ってくださいね。」と②**1 言ったところ**、「もう全部洗ったわよ。」と少し怒り③**3 気味**だった。私の言い方が悪かったのかもしれない。何と言ったらいいのだろう。

そのあと、「お背中を洗いましょうか。」と声をかけてから洗うと「もっと強くこすって。ごしごしね。ああ、気持ちがいい。人に背中を洗ってもらうの④**4 ほど**気持ちがいいものはないわね。」と満足した様子だった。右のお尻に3センチくらいのひっかいたあとがあったので、どうしたのかと聞くと、昨日の夜中にかゆくてかいてしまった⑤**2 ということだ**。痛みはないと言っていた。あとで、看護師にも報告しておかなくてはならない。

問題 7 p.62

①3　②3　③2　④4　⑤1

今朝、吉田さんが入所した。私たち職員は吉田さん①**3 に関して**の書類を読んではいるが、付き添いのご家族とたくさん話をして、吉田さんについていろいろなことを知ることができた。たとえば、先月、お孫さんや親戚と米寿のお祝いをしたこと、甘いものがあまり好きではないこと、コーヒーはブラックで飲むことなどだ。

食堂では、まわりの方と楽しそうに話していたが、ご家族が② **3 帰ったとたん** 話さなくなって居室に行ってしまった。「また明日、息子さんとお嫁さんが面会にいらっしゃいますよ。」と伝えにいくと、少し安心した③ **2 ようだった**。

ベッドの横に吉田さんと女性が写っている写真が置いてあり、その女性は10年前に亡くなった奥様だという。「この写真は私④ **4 にとって** 宝物なんだ。子どもたちが大きくなってから、初めて二人で旅行したときのものなんだよ。」と教えてくれた。

吉田さんは会社員だったころ、出張で国内⑤ **1 はもちろん** 海外にも何度も行ったと言っていた。奥様は「私はいつも留守番ね。私もどこかに行きたいわ。」と言っていたので、二人で旅行するのが決まったときは大喜びしたそうだ。

私はまだ日本で旅行したことがないので、吉田さんにおすすめの場所を聞いてみた。ここからどうやって行くんだろう。調べるのも日本語の勉強になる。がんばろう。